RÈGLEMENT

POUR

LA CONSTRUCTION

ET L'AMEUBLEMENT

DES MAISONS D'ÉCOLE

Arrêté par le Conseil supérieur de l'Instruction publique
et promulgué
par Arrêté ministériel du 17 juin 1880

EXTRAIT DE LA *REVUE PÉDAGOGIQUE*

PARIS

LIBRAIRIE CH. DELAGRAVE

15 RUE SOUFFLOT, 15

—

1881

RÈGLEMENT

POUR

LA CONSTRUCTION

ET L'AMEUBLEMENT

DES MAISONS D'ÉCOLE

Arrêté par le Conseil supérieur de l'Instruction publique
et promulgué
par Arrêté ministériel du 17 juin 1880

EXTRAIT DE LA *REVUE PÉDAGOGIQUE*

PARIS

LIBRAIRIE CH. DELAGRAVE

15 RUE SOUFFLOT, 15

1881

LIBRAIRIE CH. DELAGRAVE, RUE SOUFFLOT, 15, PARIS.

REVUE PÉDAGOGIQUE

PUBLIÉE SOUS LES AUSPICES ET AVEC LA COLLABORATION
DE MEMBRES DE L'INSTITUT, PROFESSEURS ET INSPECTEURS DE L'ENSEIGNEMENT PUBLIC,
DIRECTEURS D'ÉCOLES NORMALES ET INSTITUTEURS LIBRES

Honorée de la souscription de
M. LE MINISTRE DE L'INSTRUCTION PUBLIQUE

DIRECTEUR : M. H. COCHERIS

Inspecteur de l'Instruction publique

Le prix de l'abonnement à la *Revue Pédagogique* est fixé comme suit :

UN AN . . . . **9** francs.

La Revue paraît du 15 au 20 de chaque mois depuis le 15 janvier 1878. — Chaque numéro forme une brochure in-18 jésus de 108 pages (non compris le feuilleton donnant le courrier de l'intérieur, etc.). — Les abonnements partent du 1er janvier.

Chaque numéro, pris séparément, se vend 1 franc.

ANNÉE 1878. 2 vol. in-12, br. . . . . **9** francs.
ANNÉE 1879. 2 vol. in-12, br. . . . . **9** —
ANNÉE 1880. 2 vol. in-12, br. . . . . **9** —

AVIS IMPORTANT

Le Règlement pour la construction et l'ameublement des maisons d'école, préparé par une Commission spéciale et approuvé par le Conseil supérieur, est destiné à servir de guide aux municipalités, aux préfets et aux inspecteurs, qui ne pourront plus proposer ou approuver des plans mal étudiés, puisque la Commission du ministère à laquelle ces plans doivent être adressés en dernier ressort, les rejetterait.

RÈGLEMENT

POUR

LA CONSTRUCTION ET L'AMEUBLEMENT

DES MAISONS D'ÉCOLE

Le Ministre de l'Instruction publique et des beaux-arts,

Vu l'instruction du 30 juillet 1858 déterminant les conditions d'installation des écoles;

Vu la circulaire du 19 janvier 1875 concernant le voisinage des maisons d'école;

Vu la circulaire du 15 juin 1876 relative aux constructions scolaires;

Vu la loi du 1er juin 1878 portant création d'une caisse spéciale pour la construction des maisons d'école;

Vu l'instruction du 16 août 1878 pour l'exécution de ladite loi;

Vu l'arrêté du 30 mars 1879 qui institue une commission spéciale pour l'étude des questions relatives aux bâtiments et au matériel scolaires;

Vu les délibérations de ladite commission;

Le Conseil supérieur de l'Instruction publique entendu,

Arrête comme il suit les dispositions à observer pour la construction et l'ameublement des écoles primaires publiques :

I

CONDITIONS GÉNÉRALES

Emplacement.

1. *Conditions à remplir.* — Le terrain destiné à recevoir une école doit être central, bien aéré, d'un accès facile et sûr, éloigné de tout établissement bruyant, malsain ou dangereux, à 100 mètres au moins des cimetières actuels.

. Le sol, s'il n'est exempt d'humidité, sera assaini par le drainage.

2. *Étendue.* — L'étendue superficielle du terrain sera évaluée à raison de 10 mètres au moins par élève; elle ne pourra en aucun cas être inférieure à 500 mètres.

3. *Orientation.* — L'orientation de l'école sera déterminée suivant le climat de la région et en tenant compte des conditions hygiéniques de la localité.

4. *Séparation des services*. — Dans les communes où le même bâtiment contiendra l'école et la mairie, les deux services devront être complètement séparés. L'école sera installée au rez-de-chaussée.

5. *Position relative des divers locaux*. — Dans la position relative des divers locaux scolaires, on devra avoir égard à l'orientation, à la configuration et aux dimensions de l'emplacement, aux ouvertures libres sur le ciel et à la distance des constructions voisines.

L'école et le logement de l'instituteur seront établis sur des emplacements distincts, ou au moins indépendants l'un de l'autre.

Les classes et le préau couvert, mis en communication immédiate, seront dégagés au moins sur deux faces opposées, de manière à recevoir la plus grande quantité d'air et de lumière.

Cette disposition, favorable à la salubrité, a en outre l'avantage de faciliter la surveillance et d'offrir un abri couvert pour aller de la classe au lieu de la récréation ou aux cabinets.

Construction.

6. *Epaisseur des murs*. — L'épaisseur des murs ne sera dans aucun cas moindre de 0^m,40, si les murs sont construits en moellons, et de 0^m,35 s'ils sont construits en briques.

7. *Choix des matériaux*. — Les matériaux trop perméables, tels que les grès tendres, les mollasses, les briques mal cuites, etc., seront exclus de la construction.

La tuile sera employée pour la toiture de préférence à l'ardoise et surtout au métal.

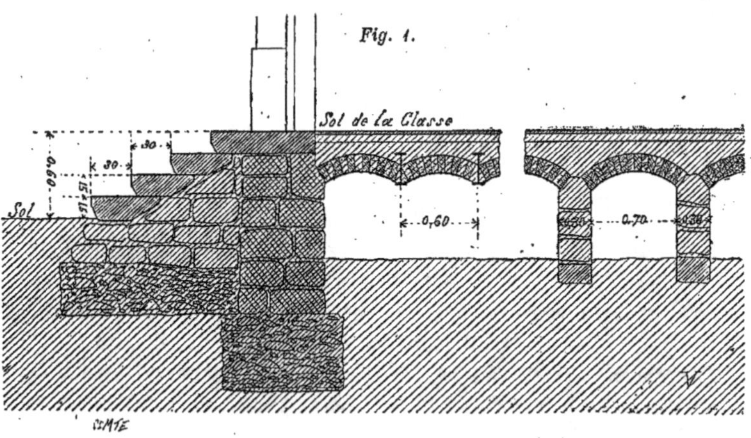

8. *Sol intérieur*. — Le sol du rez-de-chaussée sera exhaussé de 0^m,60 à 0^m,70 au-dessus du niveau extérieur.

Les pentes du terrain entourant la construction seront aménagées de façon à en éloigner les eaux.

9. *Plancher.* — Si le plancher du rez-de-chaussée ne peut être établi sur cave, il sera isolé du sol par des espaces vides *(fig. 1)*.

Groupe scolaire.

10. *Isolement des divers bâtiments dans les groupes scolaires.* — Dans tout groupe scolaire, les bâtiments affectés aux divers services (école de garçons, école de filles, salle d'asile) seront distincts les uns des autres.

On évitera de placer une salle d'asile entre l'école des garçons et l'école des filles.

11. *Effectif des groupes.* — L'effectif d'un groupe complet ne devra jamais dépasser 750 élèves, savoir :

300 garçons ;

300 filles ;

150 enfants à la salle d'asile.

II

CLASSES

Dispositions communes à toutes les salles de classe.

12. *Nombre maximum de places dans une classe.* — Le nombre maximum des places par classe sera de 50 dans les écoles à une classe et de 40 dans les écoles à plusieurs classes.

13. *Surface. Capacité par élève.* — La surface de la salle de classe sera calculée de façon à assurer à chaque élève un minimum de 1^m,25 à 1^m,50.

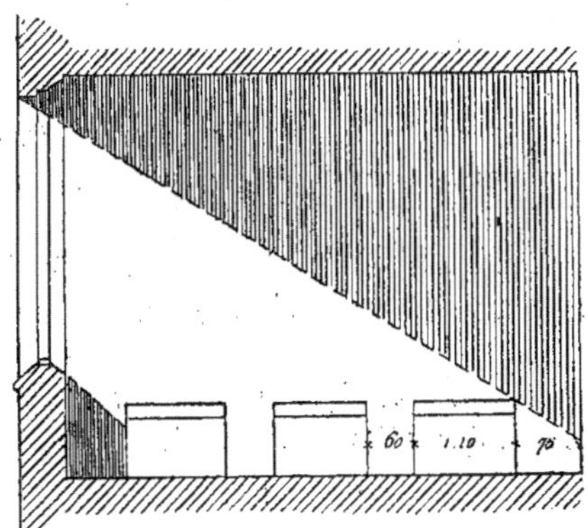

Fig. 2.

La capacité de la salle de classe sera calculée de façon à assurer à chaque élève un minimum de 5 mètres cubes.

14. *Forme de la classe.* — La classe sera de forme rectangulaire.

15. *Éclairage unilatéral.* — L'éclairage unilatéral *(fig. 2)* sera adopté toutes les fois, que les conditions suivantes pourront être réunies :

1° Possibilité de disposer d'un jour suffisant ;

2° Proportion convenable entre la hauteur des fenêtres et la largeur de la classe (art. 24, *fig. 5*) ;

3° Établissement de baies percées sur la face opposée à celle de l'éclairage ($1^m \times 2^m$) et destinées à servir à l'aération et à l'introduction du soleil pendant l'absence des élèves *(fig. 3)*.

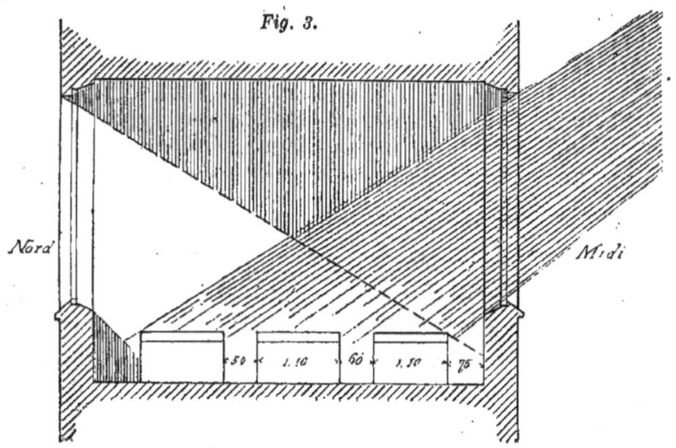

Lorsque l'éclairage sera unilatéral, le jour viendra nécessairement de la gauche des élèves.

16. *Éclairage bilatéral.* — Lorsque les conditions qui précèdent ne pourront être réalisées, on aura recours à l'éclairage bilatéral, avec éclairage plus intense à la gauche qu'à la droite.

17. *Éclairage en face du maître ou des élèves.* — On ne percera jamais de baies d'éclairage dans le mur qui fait face à la table du maître, ni, à plus forte raison, dans celui qui fait face aux élèves.

18. *Éclairage par le plafond.* — L'éclairage par un plafond vitré est interdit.

19. *Forme des fenêtres, hauteur du linteau.* — Les fenêtres seront rectangulaires.

En cas d'éclairage unilatéral, le linteau des fenêtres sera placé au moins à une hauteur égale aux deux tiers de la largeur de la classe. Dans tous les cas, le dessous du linteau des fenêtres devra atteindre le niveau du plafond (art. 24, *fig. 5*).

20. *Appui.* — L'appui des fenêtres sera taillé en glacis sur les deux faces et élevé de 1ᵐ,20 au-dessus du sol.

21. *Dimensions des baies.* — Que la classe soit éclairée d'un côté ou de plusieurs côtés, par une baie unique ou par plusieurs fenêtres, les dimensions de ces ouvertures devront toujours être calculées de façon que la lumière éclaire toutes les tables.

Dans le cas d'éclairage bilatéral, les baies placées à la gauche des élèves seront au moins égales en largeur à l'espace occupé par les tables.

22. *Largeur des trumeaux.* — La largeur des trumeaux séparant les fenêtres sera aussi réduite que possible.

23. *Châssis des fenêtres, panneaux mobiles.* — Les fenêtres seront divisées en deux parties. La partie inférieure, dont la hauteur sera égale aux trois cinquièmes de la hauteur totale, s'ouvrira à battants. La partie supérieure, formée de panneaux mobiles, s'ouvrira à l'intérieur *(fig. 4)*.

Fig. 4.

24. *Hauteur sous plafond.* — La hauteur sous plafond sera au moins de 4 mètres.

Si l'éclairage est unilatéral, cette hauteur devra être au moins égale aux deux tiers de la largeur de la classe augmentés de l'épaisseur du mur dans lequel les fenêtres sont percées *(fig. 5)*.

Fig. 5.

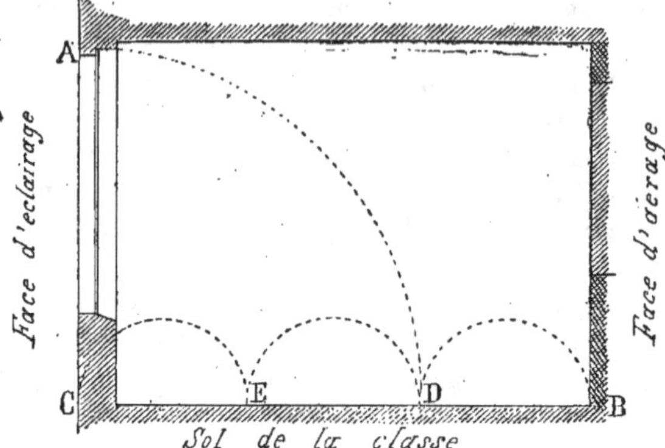

25. Plafonds. — Les plafonds seront plans et unis; ils seront exécutés en plâtre.

Sur le plafond il sera tracé une ligne indiquant la direction nord-sud.

26. Corniche. — Il n'existera pas de corniche autour des murs.

27. Angles. — Les angles formés par la rencontre des murs latéraux avec les cloisons et les plafonds seront remplacés par des surfaces arrondies concaves d'un rayon de $0^m,10$ *(fig. 6)*.

Fig. 6.

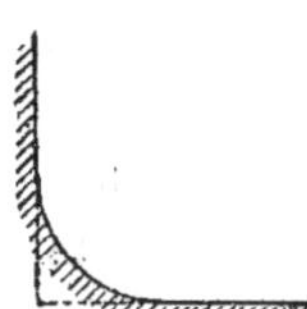

28. Parements des murs. — Tous les parements des murs de la classe seront recouverts d'un enduit qui les rendra lisses et unis (stuc, plâtre peint à l'huile; la teinte la plus favorable est la teinte gris de lin).

A la hauteur de $1^m,20$, à défaut de boiserie, le revêtement sera exécuté en ciment à prise lente.

29. Sol des classes. — Le sol des classes sera revêtu d'un parquet en bois dur, scellé sur bitume, lorsque la chose sera possible.

30. Portes à un vantail, portes pleines ou vitrées. — Les portes des classes seront de préférence à un seul vantail et auront $0^m,90$ de largeur. Suivant les besoins de la surveillance et la disposition des locaux, elles seront pleines ou vitrées.

31. *Portes de communication.* — Des portes de communication pourront être pratiquées dans les cloisons séparant deux classes contiguës.

32. *Suppression de la cloison de séparation, groupement des élèves dans les classes des écoles mixtes.* — La classe de l'école mixte ne sera plus divisée par une cloison séparant les garçons des filles.

Les filles et les garçons seront groupés séparément.

Les garçons pourront, par exemple, occuper les bancs les plus rapprochés du maître, et les filles ceux du fond de la classe. Un intervalle de 0^m,80 sera réservé entre eux *(fig. 7)*.

Fig. 7.

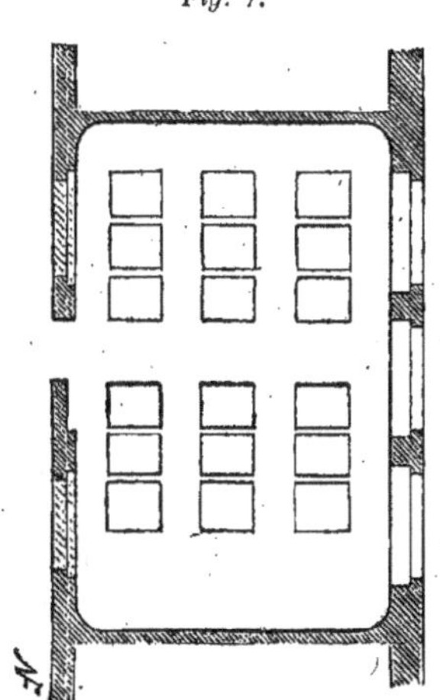

33. *Poêles, conditions à remplir.* — Les poêles devront remplir les conditions suivantes :

1° La surface de chauffe sera proportionnée aux dimensions de la salle à chauffer, de façon qu'en moyenne la température des salles atteigne 14 degrés centigrades et ne dépasse pas 16 degrés. Chaque classe sera munie d'un thermomètre placé à une assez grande distance du poêle.

2° Il y aura un poêle par classe ou pour deux classes contiguës.

3° Le poêle prendra à l'extérieur l'air pur nécessaire à la combustion et à la ventilation.

4° Il sera pourvu d'un réservoir à eau muni d'une surface d'évaporation.

5° Il devra être garni d'une double enveloppe métallique ou d'une enveloppe de terre cuite.

6° Il sera entouré d'une grille en fer.

7° Il ne devra être muni ni de four ni de chauffe-plats.

8° Il est interdit de faire passer le tuyau obliquement au-dessus de la tête des élèves.

9° Un espace libre de 1^m,25 sera laissé entre le poêle et les élèves.

10° Lorsqu'un agent sera chargé de l'allumage et de l'entretien des poêles d'une école, ces poêles auront leur ouverture de chargement à l'extérieur de la classe.

11° Le poêle en fonte à feu direct est interdit.

12° Des tuyaux d'échappement seront disposés de façon à assurer la ventilation.

34. *Espace entre le mur de face et le premier rang de tables.* — Une distance d'au moins 2 mètres sera laissée, en tête de la classe, pour la table du maître, entre le mur qui fait face aux élèves et le premier rang de tables.

Les tables-bancs ne devront jamais être placées à moins de 0^m,60 des murs.

Fig. 8.

Classe de 48 élèves. — Tables-bancs à 2 places.
Éclairage unilatéral.

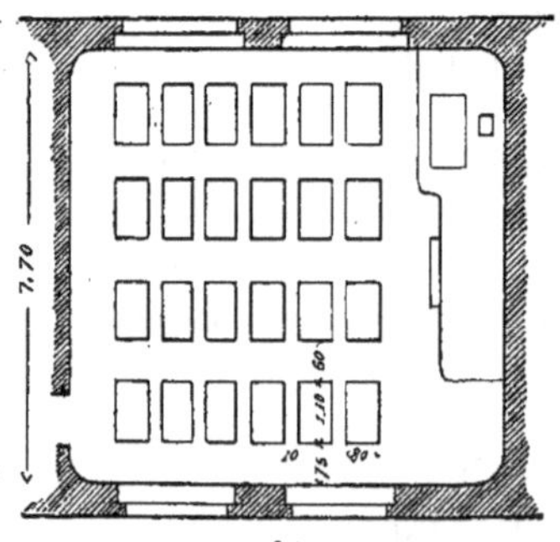

Largeur :

Passages le long des murs, 2 à 0^m,75   1^m,50
Passages longitudinaux, 2 à 0^m,60 . . .   1^m,20
3 tables-bancs à 1^m,10 . . . .   3^m,30
                                       6^m,00

Longueur :

Emplacement réservé pour le maître .   2,^m00
Passage au fond. . . . .   0^m,90
8 tables-bancs à 0^m,80 . . . .   6^m,40
7 intervalles transversaux à 0^m,10 . . .   0^m,70
                                     10^m,00

Surface totale : 60^{mq},00.
Surface par élève : 1^{mq},25.
Hauteur de la classe : 4^m,32.
Cube par élève : 5^{mc},125.

Fig. 9.

Classe de 48 élèves. — Tables-bancs à 2 places.
Éclairage bilatéral.

Largeur :

Passages le long des murs, 2 à 0^m,75   1^m,50
Passages longitudinaux, 3 à 0^m,60 . .   1^m,80
4 tables-bancs à 1^m,10 . . . . . .   4^m,40
                                     7^m,70

Longueur :

Emplacement pour le maître . . . .   2^m,00
Passage au fond. . . . .   0^m,70
6 tables-bancs à 0^m,80 . . . .   4^m,80
5 intervalles transversaux à 0^m,10 . . .   0^m,50
                                     8^m,00

Surface totale : 61^{mq},60.
Surface par élève : 1^{mq},28.
Hauteur de la classe : 4^m,00.
Cube par élève : 5^{mc},133.

35. *Passages longitudinaux.* — La largeur des couloirs longitudinaux ménagés entre les lignes des tables-bancs sera au minimum de 0ᵐ,50.

36. *Intervalles transversaux.* — Un intervalle de 0ᵐ,10 au moins sera laissé entre le dossier de chaque banc et l'arête de la table suivante.

37. *Dispositions et aménagements.* — Les dispositions à observer pour l'aménagement d'une classe de 48 ou de 50 élèves prise comme type pourront varier d'après les plans ci-dessous dressés suivant quatre hypothèses *(fig. 8, 9, 10, 11)*.

Fig. 10.

Classe de 50 élèves. — Tables-bancs à 1 place.
Eclairage unilatéral.

Largeur :

Passages le long des murs, 2 à 0ᵐ,60. 1ᵐ,20
Passages longitudinaux, 4 à 0ᵐ,50 . . . 2ᵐ,00
5 tables-bancs à 0ᵐ,60. . . . . . . 3ᵐ,00

6ᵐ,20

Longueur .

Emplacement réservé pour le maître . 2ᵐ,00
Passage du fond 0ᵐ,60
10 tables-bancs à 0ᵐ,80 . . . . 8ᵐ,00
9 intervalles transversaux à 0ᵐ,10 . . . 0ᵐ,90

11ᵐ,50

Surface totale : 71ᵐ�q,30.
Surface par élève : 1ᵐ�q,42.
Hauteur de la classe : 4ᵐ,46.
Cube par élève : 5ᵐᶜ,90.

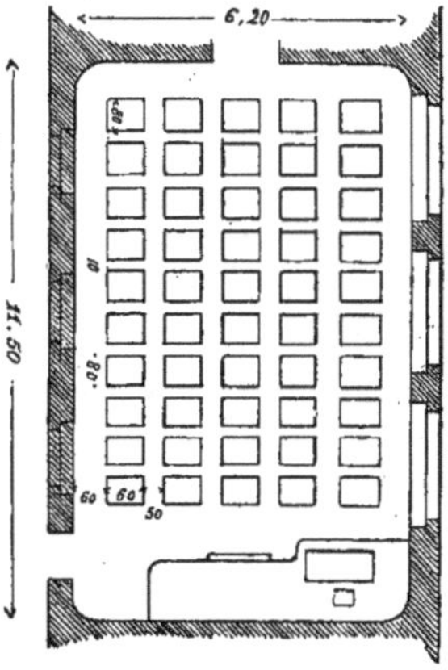

Fig. 11.

Classe de 54 élèves. — Tables-bancs à 1 place.
Eclairage bilatéral.

Largeur :

Passages le long des murs, 2 à 0ᵐ,60. 1ᵐ,20
Passages longitudinaux, 5 à 0ᵐ,50 . . 2ᵐ,50
6 tables-bancs à 0ᵐ,60 . . . . . . 3ᵐ,60

7ᵐ,30

Longueur :

Emplacement pour le maître 2ᵐ,00
Passage au fond 0ᵐ,60
8 tables-bancs à 0ᵐ,80 . . . . . . 6ᵐ,40
7 intervalles transversaux à 0ᵐ,10 . . . 0ᵐ,70

9ᵐ,70

Surface totale : 70ᵐ�q,81.
Surface par élève : 1ᵐ�q,47.
Hauteur de la classe : 4ᵐ,00.
Cube par élève : 5,9ᵐᶜ0.

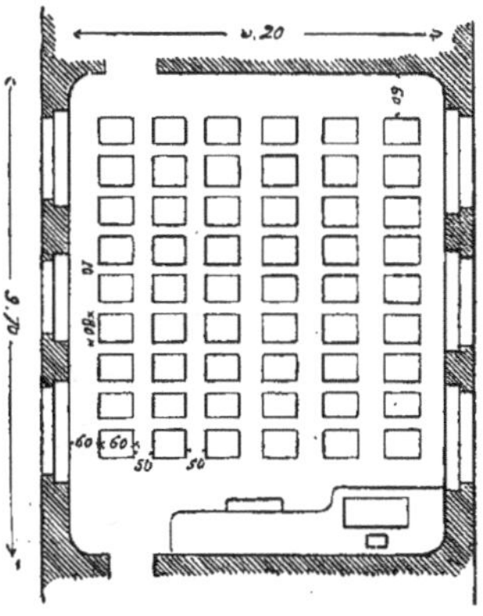

Préaux.

38. *Surface.* — La surface du préau découvert sera calculée à raison de 5 mètres au moins par élève; elle ne pourra avoir moins de 200 mètres.

39. *Sol.* — Le sol sera sablé et non pavé ou bitumé. Le bitume et le pavage ne pourront être employés que pour les passages et les trottoirs, lesquels ne feront jamais saillie.

40. *Écoulement des eaux.* — Les pentes du sol seront aménagées de façon à assurer le facile et prompt écoulement des eaux.

Les eaux ménagères ne devront jamais traverser les préaux.

Dans le cas où le terrain serait en déclivité, la pente ne devra pas dépasser $0^m,02$ par mètre.

41. *Plantations.* — Le préau découvert ne sera planté d'arbres qu'à une distance des classes de 6 mètres au moins. On tiendra compte, dans la disposition des arbres, de l'espace nécessaire aux exercices et aux jeux des enfants.

42. *Bancs, forme et dimensions.* — Des bancs fixes en petit nombre pourront être établis au pourtour du préau.

La hauteur de ces bancs sera de $0^m,30$ à $0^m,35$, la largeur de $0^m,22$; ils seront de préférence en bois dur. Les points d'appui seront disposés de manière à ne pas gêner le balayage; le siège sera à claire-voie.

43. *Fontaine.* — Une fontaine avec vasque fournira de l'eau potable (*fig. 12*).

Fig 12.

44. *Préaux des écoles mixtes.* — Dans les écoles mixtes, des préaux distincts seront établis pour les garçons et pour les filles.

45. *Surface*. — La surface du préau couvert sera calculée à raison de 2 mètres par élève.

46. *Lavabos*. — Des lavabos y seront installés.

47. *Tables mobiles*. — Il pourra être pourvu de tables mobiles pour les élèves qui prendront à l'école le repas du milieu du jour.

48. *Cuisine*. — Une cuisine pourra être aménagée pour préparer ou réchauffer les aliments.

Gymnase.

49. *Salle spéciale*. — Dans toute école, des dispositions doivent être prises pour l'enseignement de la gymnastique. A défaut d'une salle spéciale, il sera établi au moins un abri pour l'installation des appareils les plus élémentaires.

50. *Portique*. — Dans les établissements qui comportent un gymnase proprement dit, un portique sera établi pour recevoir les appareils et agrès nécessaires.

Fig. 13.

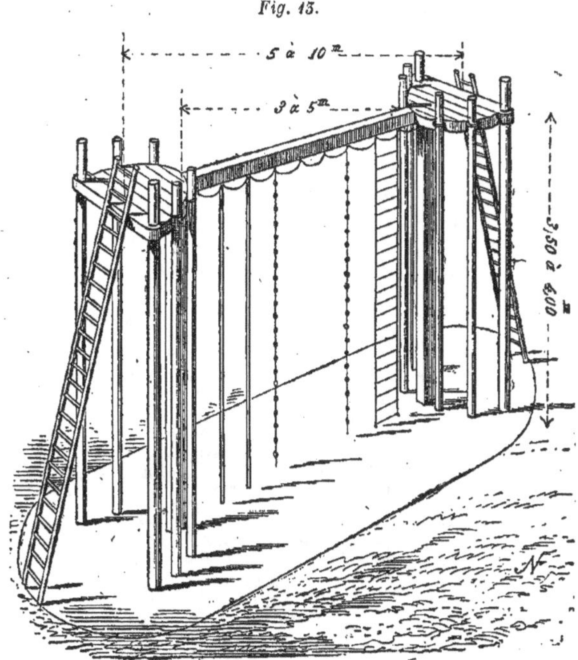

51. *Salles de gymnastique communes pour les garçons et les filles*. — La même salle de gymnastique pourra recevoir à des heures différentes les garçons et les filles d'une même école.

Privés.

52. *Nombre de privés.* — Toute école devra être munie de privés dans les proportions suivantes : 4 pour la première centaine d'élèves, et 2 pour chaque centaine suivante.

53. *Emplacement.* — Les privés seront placés dans le préau découvert, de manière que le maître puisse, de tous les points de l'école, exercer une surveillance. Ils devront être préservés avec le plus grand soin de l'action solaire directe ; disposés de telle sorte que les vents régnants ne rejettent pas les gaz dans les bâtiments ni dans la cour.

54. *Dimensions.* — Les cases auront 0ᵐ,70 de largeur et 1 mètre à 1ᵐ,10 de longueur.

55. *Parois.* — Les parois seront recouvertes de plaques de faïence, ou d'ardoise, ou d'un enduit de ciment.

56. *Orifice.* — Les orifices des cases seront autant que possible fermés hermétiquement.

57. *Aspiration.* — Quand l'orifice sera sans fermeture, on devra employer des appareils propres à déterminer une aspiration suffisante et forcer l'air à entrer par l'orifice.

58. *Siège.* — Le siège en pierre ou en ciment aura une saillie de 0ᵐ,20 au-dessus du sol ; ce siège formera un plan incliné vers l'orifice. Les angles seront arrondis (art. 27, *fig. 6*).

59. *Sol.* — Le sol est construit en matériaux imperméables et légèrement

Fig. 14.

incliné vers le siège. L'issue ménagée à la base du siège sera placée au-dessus de la fermeture de l'appareil.

60. *Portes.* — Les portes seront surélevées de 0^m,20 à 0^m,25 au-dessus du sol et auront 1 mètre au plus de hauteur *(fig. 14)*.

61. *Nombre des urinoirs.* — Les urinoirs seront en nombre au moins égal à celui des privés.

62. *Dimensions des urinoirs.* — Les cases des urinoirs seront formées de plaques d'ardoise ou d'autres matériaux imperméables et auront 0^m,40 de largeur, 0^m,35 à 0^m,40 de profondeur et 1^m,30 au moins de hauteur *(fig. 15)*.

Fig. 15.

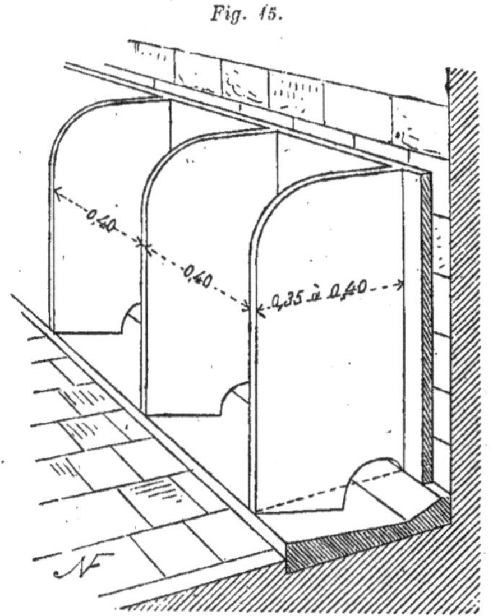

63. *Privés distincts pour les garçons et pour les filles dans les écoles mixtes.* — Dans les écoles mixtes, il y aura des privés distincts pour les garçons et pour les filles.

64. *Service d'eau.* — Un service d'eau sera établi dans les privés et dans les urinoirs toutes les fois que la chose sera possible.

65. *Fosses mobiles.* — Les fosses mobiles devront être préférées aux fosses fixes ; ces dernières seront de petite dimension.

Logement du personnel.

66. *Divers locaux nécessaires.* — Toute école comptant quatre classes et plus devra comprendre :

Un cabinet pour le directeur ;

Une salle d'attente pour les parents, proportionnée à l'importance de l'école ;

Une pièce pouvant servir de vestiaire et de réfectoire pour les maîtres.

67. *Logement du directeur dans les écoles à plusieurs classes.* — L'instituteur-directeur est, dans ces écoles, le seul fonctionnaire logé à l'école. Son logement se composera d'une salle à manger, de trois pièces dont deux à feu, d'une cuisine, de privés et d'une cave.

La superficie totale de ce logement sera de 100 à 120 mètres.

68. *Logement du concierge.* — Le logement du gardien-concierge, établi au rez-de-chaussée, comprendra une loge, une cuisine, deux chambres dont une à feu, des privés et une cave.

69. *Logement de l'instituteur dans les écoles à une classe.* — Les écoles à une classe comprendront toutes un logement d'instituteur, se composant d'une cuisine, de deux ou trois pièces à feu, de privés et d'une cave.

La superficie totale de ce logement sera de 60 à 70 mètres.

70. *Logement des maîtres adjoints.* — Les maîtres adjoints logés dans ces écoles auront au moins une pièce à feu et un cabinet.

71. *Interdiction de faire communiquer le logement et les classes.* — Aucune communication directe ne devra exister entre les classes et le logement de l'instituteur.

Jardin.

72. *Étendue.* — Un jardin clos, d'une étendue minima de 300 mètres, sera annexé à toutes les écoles rurales.

Enceinte.

73. *Clôture, mur ou grille.* — L'école et ses annexes seront séparées de la voie publique par un mur d'appui ou par une grille.

III

SERVICES ANNEXES

DISPOSITIONS SPÉCIALES AUX ÉCOLES COMPTANT QUATRE CLASSES ET PLUS

Salle de dessin.

74. *Salle distincte pour l'enseignement du dessin.* — Une salle distincte sera affectée à l'enseignement du dessin.

75. *Superficie.* — La superficie de cette salle sera calculée à raison de 2^m,50 environ par élève, étant donné que le nombre de places n'excédera pas 50.

76. *Dépôt des modèles.* — Une pièce servant au dépôt des modèles sera annexée à la salle de dessin.

Ateliers d'ouvrages manuels.

77. *Écoles de garçons.* — Chaque école de garçons comprendra un atelier outillé pour les travaux manuels les plus élémentaires.

78. *Écoles de filles.* — Dans les écoles de filles, une salle sera aménagée pour l'enseignement des travaux à l'aiguille.

79. *Écoles à une classe.* — Dans les écoles à une classe, l'atelier d'ouvrages manuels pourra être placé dans une partie du préau couvert.

Vestiaire.

80. *Vestiaire pour chaque classe, dimensions.* — Chaque classe aura un vestiaire spécial. Toutefois le même vestiaire peut servir à deux classes contiguës. Les dimensions en seront calculées de façon que chaque enfant ait à sa disposition sur les parements des murs une longueur de $0^m,25$. Les paniers seront disposés sur des rayons à claire-voie. Des portemanteaux scellés aux murs recevront les vêtements *(fig. 16)*.

Fig. 16.

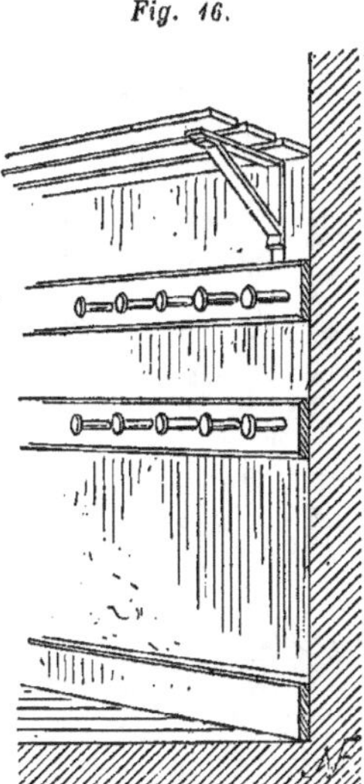

81. *Vestiaire dans les écoles rurales.* — Dans les écoles rurales, le vestibule pourra servir de vestiaire.

Couloirs, passages.

82. *Couloirs, passages. Dimensions.* — Les classes seront indépendantes les unes des autres.

L'entrée des élèves se fera par des couloirs ou galeries d'une largeur de 2 mètres, recevant directement l'air et la lumière.

83. *Parements des murs.* — Les parements des murs de ces couloirs seront disposés de façon à recevoir des dessins et des collections d'objets utiles à l'enseignement.

Escaliers.

84. *Escaliers, forme.* — Les classes qui ne pourront être installées au rez-de-chaussée seront desservies par des escaliers droits et sans partie circulaire.

85. *Nombre de marches, paliers.* — Les volées de 13 à 15 marches seront séparées par un palier de repos d'une longueur égale au moins à celle de l'emmarchement.

86. *Dimensions des marches.* — Les marches auront au moins 1^m,50 de largeur, 0^m,28 à 0^m,30 de foulée, et au maximum 0^m,16 de hauteur *(fig. 17)*.

Fig. 17.

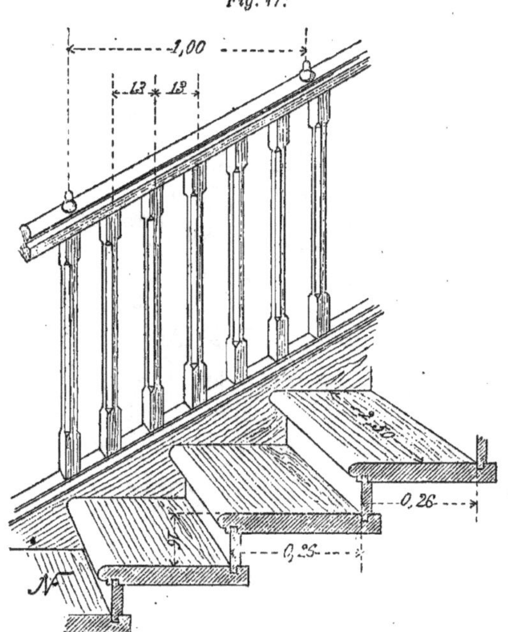

87. *Barreaux et rampes, double main courante.* — Les barreaux seront espacés de 0^m,13 d'axe en axe; la main courante sera garnie de boutons saillants placés à 1 mètre de distance au plus. Une seconde main courante sera disposée le long des murs.

88. *Deux escaliers dans les écoles comptant plus de 200 élèves.* — Toute école recevant plus de 200 élèves devra avoir un escalier à chaque extrémité du bâtiment.

89. *Privés des maîtres.* — Des privés seront réservés pour le personnel des maîtres.

IV

MOBILIER

Classes.

90. *Types adoptés.* — Les tables-bancs seront à une ou à deux places, mais de préférence à une place.

Quatre types seront établis pour les écoles des communes dans lesquelles il n'existe pas de salle d'asile (écoles à classe unique) :

Le type I pour les enfants dont la taille varie de 1 mètre à 1^m,10:

Le type II, pour ceux de 1^m,11 à 1^m,20;

Le type III, pour ceux de 1^m,21 à 1^m,35;

Le type IV, pour ceux de 1^m,36 à 1^m,50.

Trois types seulement, les types II, III et IV, seront adoptés dans les écoles qui ne reçoivent les enfants qu'à 6 ans, c'est-à-dire au sortir de la salle d'asile (écoles à plusieurs classes).

Un cinquième type pourra être établi pour les enfants dont la taille excéderait 1^m,50.

On inscrira sur chaque table-banc le numéro du type auquel elle appartient, avec indication de la taille correspondante. *Exemple :* III, 1^m,21 à 1^m,35.

Les instituteurs devront mesurer leurs élèves une fois par an, à l'époque de la rentrée des classes.

91. *Tablette à écrire.* — La tablette à écrire aura au-dessus du plancher, mesures prises au bord de la table, les dimensions ci-dessous:

	TYPES				
	1er	2^e	3^e	4^e	5^e
	m	m	m	m	m
Hauteur au-dessus du sol	0,44	0,49	0,55	0,62	0,70
Largeur d'arrière en avant	0,35	0,37	0,39	0,42	0,45
Longueur pour la table-banc à une seule place	0,50	0,55	0,60	0,60	0,60
Longueur par place d'enfant pour la table-banc à deux places	0,50	0,50	0,55	0,55	0,55
Soit pour les deux places	1,00	1,00	1,10	1,10	1,10

L'inclinaison variera de 15 à 18 degrés, sans être jamais inférieure à 15 degrés.

92. *Banc.* — Le banc sera fixe, légèrement incliné en arrière et aura les dimensions ci-dessous ·

	TYPES				
	1er	2e	3e	4e	5e
	m	m	m	m	m
Hauteur au-dessus du sol, prise au milieu du banc . . .	0,27	0,30	0,34	0,39	0,45
Largeur d'avant en arrière	0,21	0,23	0,25	0,27	0,30
Longueur (banc à une place)	0,50	0,50	0,55	0,55	0,55
Longueur (banc à deux places)	0,45	0,45	0,50	0,50	0,50
Soit pour le banc double	0,90	0,90	1,00	1,00	1,00

93. *Dossier.* — Le dossier du banc à une seule place et du banc à deux places consistera en une traverse de 0m,10 de largeur dressée droite avec arêtes abattues ; il aura les dimensions suivantes :

	TYPES				
	1er	2e	3e	4e	5e
	m	m	m	m	m
Hauteur de l'arête supérieure au-dessus du siège à	0,19	0,21	0,24	0,26	0,28
Longueur égale à celle du banc pour la table-banc à une seule place	0,50	0,50	0,55	0,55	0,55
Et pour la table-banc à deux places	0,90	0,90	1,00	1,00	1,00

Fig. 18.

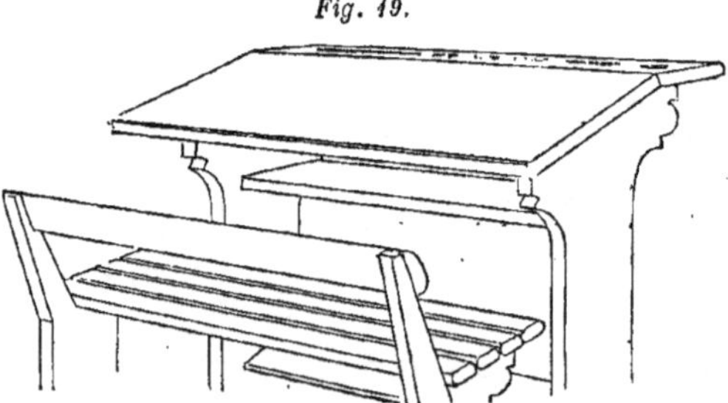

Fig. 19.

94. *Tables-bancs mobiles ou fixes.* — Le banc et le dossier seront continus, toutes les arêtes seront abattues.

La tablette à écrire peut être mobile ou fixe.

Suivant qu'on fera emploi de l'une ou de l'autre, les règles ci-dessous énoncées devront être observées :

Table-banc à tablette mobile.

1° Situation où la tablette est rapprochée de l'enfant.

	TYPES				
	1er	2e	3e	4e	5e
	m	m	m	m	m
La verticale tombant de l'arête de la tablette devra rencontrer le banc à une distance du bord antérieur de ce banc égale à	0,03	0,05	0,06	0,05	0,04
L'intervalle entre l'arête de la tablette et le dossier sera de	0,18	0,18	0,19	0,22	0,26

2° Situation où la tablette est éloignée de l'enfant.

	TYPES				
	1er	2e	3e	4e	5e
	m	m	m	m	m
Entre ladite verticale et le bord antérieur du banc, l'intervalle sera égal à	0,09	0,10	0,11	0,12	0,13

95. *Interdiction des tablettes à bascule.* — La tablette dite *à bascule*, formée de deux parties se repliant l'une sur l'autre au moyen de charnières, est interdite.

Table-banc à tablette fixe.

96. *Distance nulle entre le banc et la tablette.* — La distance entre le banc et la tablette sera nulle, c'est-à-dire que la verticale tombant de l'arête de la table rencontrera le bord antérieur du banc *(fig. 20)*.

Fig. 20.

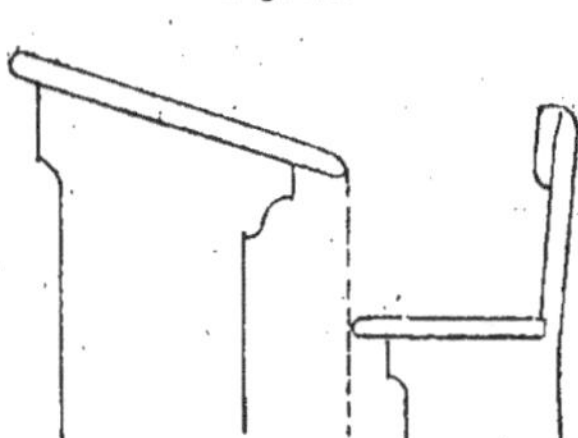

97. *Casier.* — Un casier pour les livres sera ménagé sous la tablette à écrire.

98. *Encrier.* — Un encrier mobile de verre ou de porcelaine à orifice étroit sera adapté à la table et placé à la droite de chaque élève.

99. *Socles, traverses et barres.* — Les traverses, barres d'attache, barres d'appui pour les pieds, reposant les unes et les autres sur le plancher, sont interdites.

Fig. 21.

100. *Bureau du maître.* — Une table avec tiroirs, posée sur une estrade de 0^m^,30 à 0^m^,32 (hauteur de deux marches), servira de bureau pour le maître *(fig. 21)*.

101. *Tableaux noirs.* — Il ne sera fait usage que du tableau ardoisé.

Classes de dessin.

102. *Dispositions et dimensions des tables.* — Les tables seront simples; les élèves devant être placés sur une même ligne et recevoir le jour de gauche à droite.

Elles seront à deux places; elles auront 1^m^,30 de longueur, 0^m^,65 de largeur et 0^m^,85 de hauteur (0^m^,75 seulement pour la taille inférieure). Elles seront horizontales, afin de pouvoir servir au dessin géométrique. Elles porteront au bord opposé à l'élève une tablette horizontale fixe et continue, d'une largeur de 0^m^,12 environ, et d'une élévation au-dessus de la table de 0^m^,07.

Cette tablette est destinée à recevoir le matériel nécessaire au travail et permet à l'élève, suivant les besoins, d'incliner sa planche *(fig. 22)*.

Au milieu de la tablette et sur le bord antérieur, sera placée verticalement une planche de 0^m^,30 de largeur sur 0^m^,48 de hauteur, ayant en avant une saillie circulaire de 0^m^,05 de rayon. Cette planche servira de support au modèle lithographié pour le dessin géométrique ou au bas-relief pour le dessin d'art.

Fig. 22.

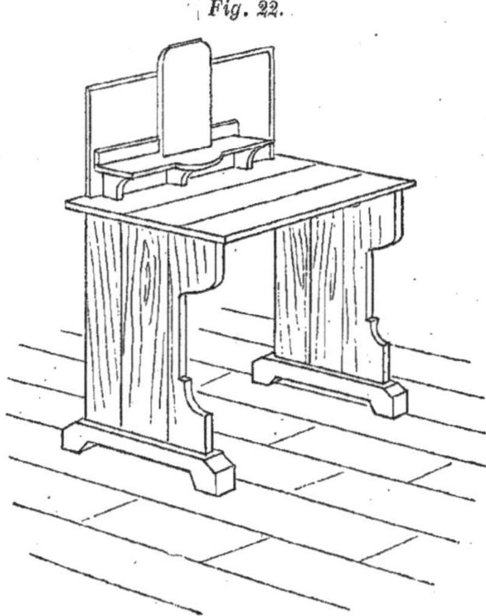

Elle sera soutenue à sa partie supérieure par une tige en fer fixée aux extrémités de la table.

103. *Distance entre l'élève et le modèle.* — Pour le dessin à main levée, l'élève assis sur un tabouret posera l'une des extrémités du carton sur ses genoux, l'autre sur le bord de la table; il se trouvera ainsi à une distance convenable de l'objet à reproduire, distance qu'on évalue approximativement à deux fois la plus grande dimension du modèle.

Fig. 23.

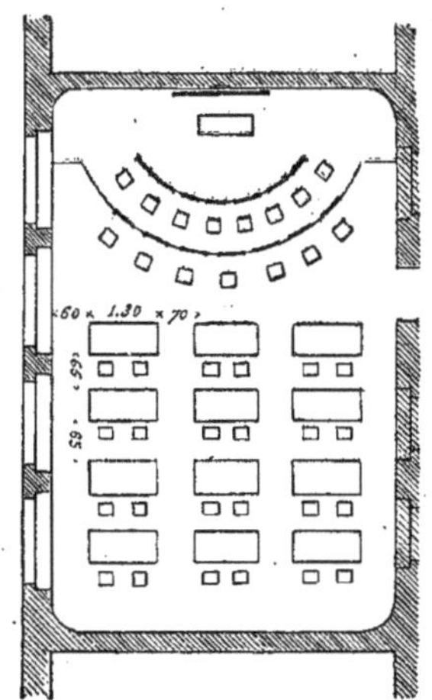

104. *Tabourets*. — Les tables devront être fixées au sol. Les tabourets seront au contraire mobiles et de trois hauteurs différentes : 0^m,35, 0^m,45 pour le dessin d'art, 0^m,70 pour le dessin géométrique.

105. *Hémicycle*. — A l'extrémité de la salle sera aménagé l'hémicycle pour le dessin d'après relief, bas-relief et ronde bosse. Il sera formé de deux ou de trois rangs de gradins ou demi-cercles concentriques avec barres d'appui, de préférence en fer *(fig. 23)*.

106. *Tableau noir*. — Un tableau, destiné aux explications et aux leçons orales, sera placé au fond de l'hémicycle.

107. *Règlement*. — Aucune dérogation ne pourra être apportée aux prescriptions du présent règlement sans l'avis conforme du comité d'examen des projets de constructions scolaires institué au Ministère de l'Instruction publique.

Fait à Paris, le 17 juin 1880.

JULES FERRY.

PARIS — IMP. CHAIX, 20, RUE BERGÈRE. — 11222-1.